REDUCED TO DUST

Reducido a Polvo

Luis Vicente de Aguinaga

Translation/Traducción

Victoria M. Contreras

MEDIO SIGLO

Colección: Las Lenguas de Babel

ISBN 13: 978-0-9864497-4-1
ISBN 10: 0-9864497-4-1

First Printing 2015

Cover Design/Diseño de portada: Ismael Aguilar
Original Drawing/Dibujo Original: Ismael Aguilar
agruismael@gmail.com

**This publication was made possible with the help of the Translation
Support Program (PROTRAD) dependent of Mexican cultural
institutions.**

**Esta publicación fue realizada con el estímulo del Programa de
Apoyo a la Traducción (PROTRAD) dependiente de instituciones
culturales mexicanas.**

www.librosmediosiglo.org
mediosigloeditorial@gmail.com

Ordering Information:
Quantity sales. Special discounts are available on quantity
purchases by corporations, associations, and others. For details,
contact the publisher at librosmediosiglo@gmail.com
(956) 577-3093
Harlingen, Texas
USA

PRINTED IN THE UNITED STATES OF AMERICA
IMPRESO EN ESTADOS UNIDOS DE AMÉRICA

REDUCED TO DUST
Bilingual Edition

TO VICTOR, from close and from afar

A VÍCTOR, de cerca y desde lejos

*Now I can feel the pureness of the limits and my passion would not exist
if I would say her name.*

*Ahora siento la pureza de los límites y mi pasión no existiría
si dijese su nombre.*

Antonio Gamoneda

ONE

UNO

Códice

Rejas cruzadas. Rombos. Líneas de superficie.

Recorro el libro
ahora, despliego
las pinturas.

Huesos cruzados. Líneas.
Enderezarse como un torreón contra la muerte.

Huesos. Te veo según la forma de tus huesos.
Serían de mí
tus ojos,
mías tus manos:

en la piedra que pisas
la piedra que piso
toma forma.

Codex

Crossed bars. Rhombus. Surface lines.

I look over the book
now, I display
the paintings.

Crossed bones. Lines.
Stand upright like a turret against death.

Bones. I see you according to the form of your bones.
Your eyes
and your hands
would be mine:

on the stone that you step on
and the stone that I step on
take form.

Fragmento

Los demás, que son el infierno, añaden a tu rostro
[una capa de rememoraciones.
La diluyen también
o la retiran, agravándola:
polvo que reducido a polvo
se acumula.

*

Los demás, que son el infierno, añaden a tu rostro un
[silencio equivocado.
Lo llamas el destiempo, y no te escuchan.
(No están para escucharte. Quieren todo. Sin la hora, los
minutos les sobran.)
Lo llamas la separación
o la ceniza,
la voz que bastaría para decirse muerto.

*

Los demás, que son el infierno, retienen las formas de
[tu cara en las inmediaciones
                            del anochecer:
la hora en que todo lo visible
retrocede, y la primera lámpara
enciende una segunda,
ya menos arbitraria y menos dulce.
(Sombra,
mi sombra, no seré yo quien te proteja.)

Fragment

The rest, who are hell, add a layer of reminders to
[your face.
They also dilute it
or they move it away, making it worse:
dust that is reduced to dust
accumulates.

  *

The rest, who are hell, add to your face a
[mistaken silence.
You call it a bad time, and they don't hear you.
(They are not there to listen to you. They want everything.
Without time, minutes are abundant.)
You call it separation
or ashes,
the voice that is sufficient to call itself dead.

  *

The rest, who are hell, retain the forms of your face in
[the proximity
        of nightfall:
a time where all that is visible
pulls back, and the first lamp
lights the second,
already less arbitrary and not as sweet.
(Shadow,
my shadow, is it not I that protects you.)

Los demás, que son el infierno, retienen las formas de
en las formas de tu cara. En el mundo   [tu cara
no se acaban las puertas,
no terminan los nichos.
Y no porque haya tantos habrá uno.

*

Los demás, que son el infierno, sonríen con los ojos,
[ven con las manos y descifran
para ti el final de los pasillos.
Afuera los árboles resienten
el estrago de la serenidad,
y el reposo los hunde.
Tú debes nada
más entrar, o nada.
Soy el que busco el que busca el que buscamos.

*

Los demás, que son el infierno, sonríen con los ojos,
[te llaman con los párpados
y al cabo se repliegan en tu nuca.
Míralos: ¿pintan de negro las últimas estrellas?
Lo hacen
si oscurecerse conviene a la mirada.

The rest, who are hell, retain the forms of your face
in the forms of your face. Doors do not end
in the world
the niches do not end.
And not because there are so many there will be one.

*

The rest, who are hell, smile with their eyes,
[see with their hands and decipher
for you the end of the halls.
Outside the trees resist
the impact of serenity
and rest sinks them.
You owe nothing
only enter, or nothing.
I am the one I am searching for the one who searches the one
[we are searching for.

*

The rest, who are hell, smile with their eyes,
[they summon you with their eyelids
and at the end they withdraw in your nape.
Look at them: do they color the last stars in black?
They do it
if darkness is advisable to the look.

Te llaman con los párpados.
Se diluyen también, o se detienen:
al cubrir mis tobillos
resolvió detenerse la marea.

Llamándote nosotros, pese a todo. Que somos el infierno.

They summon you with their eyelids.
They also become blurred, or they pause:
as my ankles were covered
the tide decided to stop.

We are calling you, in spite of everything. We are hell.

Estelas

I

Espero la mañana.
Sitiado por ojos de otra era,

abras de luz como tribus perseguidas que han venido a leer el
epitafio

que nadie, yo, que ninguno.
De espaldas a un relámpago entrevisto

espero y esta lluvia,
mineral, no cesa. El día:

milésimas del agua
junta, indestructible del comienzo.

Stelae

I

I await the morning.
Surrounded by eyes from another era,

havens of light like tribes that are being pursued
that have come to read the epitaph

that no one, I, that none.
Giving my back to lightning that I caught a glimpse of,

I wait and this rain,
this mineral rain does not stop. The day:

thousandths of all the water,
indestructible from the beginning.

II

Crece una estela. Crece o cae
una estela.

En la planicie. En la planicie o la frente
de los muertos.

Los muertos iniciales del mundo.
Los muertos que vivieron

antes aún que pudiéramos nosotros
nacer.

Del mundo o la pradera
que hacen fértil sus huesos.

(Sobre un tema de Edmond Jabès.)

II

A stela grows. A stela grows
or falls.

On the plain. On the plain or on the forehead
of the dead.

The initial dead of the world.
The dead who lived

even before we were
born.

From the world or the meadow
that make your bones fertile.

(About a topic from Edmond Jabes)

III

Parecido a la sal, parecido a la sal,
al aire que emana de la sal

como un escudo invencible,
parecido al imán que gobierna desde el aire

sepultados instrumentos de hierro,
parecido a la sal, raspado por las manos

terrestres que dieron a la sal,
quizá, su fundamento, al final de la noche

un sol distinto llega, y anida,
al centro de mi mesa.

III

Resembling the salt, resembling the salt,
the air that emanates from the salt

like an invincible shield
similar to the magnet that rules from the air

buried instruments of iron,
similar to the salt, scraped by the terrestrial

hands that perhaps gave the salt its beginning
at the end of the night

a distant sun arrives and settles
in the middle of my table.

TWO

THE WIND OF THE SEASON

DOS
EL AIRE DE LA ESTACIÓN

Cristales

Vestigios del invierno.
Cristales abiertos a la madrugada

y rayaduras de óxido en la boca de los mendigos.

Sin descorrer el alba, la frágil extinción de
[un cuerpo y de sus dinastías
podría cargar al fin de cálices la hierba.

Crystals

Traces of winter.
Crystals open at dawn

and scratches of rust in the mouths of beggars.

Without going back to dawn, the fragile
[extinction of a body and its dynasties
could at the end fill the grass with calyxes.

Espaldas de la hora

La pared se fue alzando con el día.
Su propio cimiento la escalaba
y un trance alterno de polvo y de pintura
se adhería en lo más alto al dibujo de las nubes.

La pared se ha ido alzando con el día.
Insectos, perros, manos fatigadas
como el sol que la impulsa o vientos leves
apoyan el cuerpo en sus laderas. Baja
el tiempo de la ciudad: se detiene a la sombra

de la pared que va creciendo. Con el día,
junto al día, tal vez a espaldas
de la hora y el turno, de la espera y el ciclo,
un muro acentúa el color de la ceniza
y lo conduce al violeta sanguíneo de los frutos.

Dibujo, altura, nubes. Puede ser que llueva.
La pared se levanta con el día.

The Backs of Time

As the day went by, the wall started rising.
Its own foundation was climbing it
and an alternate trance of dust and paint
adhered to the highest point to the outline of the clouds.

As the day went by, the wall has been rising.
Insects, dogs, tired hands
like the sun that drives it or light winds
support their body on the slopes. Time
comes down from the city: it stops at the shadow

of the wall that is growing. With the day,
together with the day, perhaps giving its back
to the time and the turn, of the wait and the cycle,
a wall accentuates the color of the ashes
and drives it to the reddish purple of the fruits.

Drawing, height, clouds. Perhaps it will rain.
The wall rises as the day goes by.

La identidad

Mis palabras,
al hablar de la casa...
Octavio Paz

Las palabras se agrietan.
Hablo y estoy mirando
a todas partes.
No las palabras: los minutos.
Mansas rayaduras de sombra
limitan el destino de los cuerpos,
separados de golpe por la luz.
Hubiera de noche sólo un cuerpo.
Hubiera tantos rostros señalándose
con la desposesión,
lejos o en contra de las formas.
Los nombres
no vuelven a decirse. Las palabras
se agrietan.
El reloj da una hora equivocada.

*

Cacería de figuras, puertas
de umbrales desmontados:
el río —un río— empieza a detenerse
y dos filas de árboles avanzan.

*

Cacería de sonidos, puertas condenadas,
postigos trabados por la hierba.
Sedimentos,
agua color de sangre
seca y afilada
blancura: el reposo de un astro
en el aljibe. Anterior a la voz
sube a la superficie nuestro eco.

Identity

My words,
as I talk about the house…
Octavio Paz

The words are cracking.
As I speak I am looking
everywhere.
Not the words: the minutes.
Docile   shadowy scratches
limit the destiny of the bodies,
suddenly separated by the light.
Would there be only one body at night.
Would there be so many faces standing out
with the disownership
far or against the forms.
The names
are not repeated. The words
are cracking.
The clock marks the wrong time.

*

.

Hunting of figures, threshold
doors dismounted:
the river—a river---begins to stop
and two rows of trees move forward.

*

.

Hunting of noises, damned doors,
wickets jammed by the weeds.
Deposits,
water the color of blood
dry and sharp
whiteness: the resting of a star
in the well. Before the voice
our echo rises to the surface.

.

*

Ventanas, puertas
nítidas.
                    La casa
y el día que la dejamos
inesperadamente hundida,
sin nuestros ojos
viendo adentro,
                    vuelven
con la irrupción de un hombre
que agita monedas en el puño,
que parece llamarnos desde un nido
de avispas:
                    diez
o veinte años antes,
nunca y las vísperas
de siempre, era él quien daba inicio
a la mañana con música de radio
y panes entreabiertos,
                         bajando
despacio por la calle.

*

Windows, clear
doors
       The house
and the day we left it
unexpectedly sunken,
without our eyes
looking inside,
       come back
with the emergence of a man
who rustles coins in his hand,
who seems to call us from a nest
of bees:
       ten
or twenty years before,
never and the eve of days before
as always was the one who began
the mornings with radio music
and windows half open
       coming down
slowly through the street

Caracoles

A la suma del polvo y el espacio
hay que restar la huella de los caracoles.
En la hierba, todos los días, un día

se refleja —y es un camino que desaparece.

Si el aire levanta círculos de ruido
no llega en cambio a perturbar los suelos.
Despacio, y ni siquiera lentamente: al margen
de la inmovilidad, al centro de las pausas.

Hay que restar la progresión del cuerpo
y ennegrecer el rostro, ese disfraz de azar,
porque también es húmedo y liviano.
Ser apenas venir, quedarse apenas.
                                        Abrir,
en la penumbra, nuevos umbrales de penumbra.

Reunión de membrana y transparencia.

Snails

Besides the dust and the space
one has to play down the tracks of the snails.
In the grass, everyday, one day

it is reflected—and it is a road that disappears.

If the wind lifts circles of noise
on the contrary it does not get to bother the ground.
Gradually, and not even slowly: at the edge
of immobility, at the center of the pauses.

One has play down the progression of the body
and darken the face, that pretense mask of fate,
because it is also humid and light.
To be hardly coming, to remain barely.
                              To open,
in the shadows, new beginnings of shadows.

A meeting of heads and transparency.

En la corteza

El cielo que pasó. Como los pájaros
que apresuran el abandono de la tierra
y vuelven sin embargo y es el mismo
aleteo: de quebraduras
viene ansioso el verano.

Viene
haciéndose. Que la corteza
del árbol, la travesía felina
que unifica esa piel y agrava sus colores
no deje de quebrarse:

                              manchas,
nubes de un primer cielo, estrellas
o luciérnagas contra el sol que las demora.
Manchas. El jaguar
viene ansioso de pájaros que pasen.

In the Bark

The sky that passed. Like the birds
that hasten the desertion of the earth
and return, however, and it is the same
beating of wings: from cracks
summer comes eagerly.

It comes
forming itself. That the bark
of the tree, the mischievous feline
that unites that skin and worsens the colors
does not allow it to break:

                              spots,
clouds from an early sky, stars
or fireflies against the sun that slows them down.
Spots. The jaguar
anxiously awaiting for birds to pass by.

Siesta

...Con la vaga intermitencia
de su invocación en masa
a la memoria.
Jorge Guillén

A excepción del mundo
                        nada
ha cambiado. El magnolio,
que se aligera con sus flores

por no ser más que grullas en el aire,
por serlo así, animales y abiertas,

gobierna el fin y el principio de tus párpados.
El jardín, la ventana: alguien se va
y regresa infatigablemente.
                        Una sombra
desdice los alegatos del verano.

Siesta

...with the vague intermittence
of its mass invocation
to memory
Jorge Guillén

With the exception of the world

                    nothing

has changed. The magnolia,
that is lightened with its flowers

since they are no more than cranes in the wind,
for being that, animals and open,

it governs the end and the beginning of your eyelids.
The garden, the window: someone leaves
and returns tirelessly.

                  A shadow

takes back the pleas of summer.

Guardia

*para y por Franc Ducros: ce point, que
l'oeil aura fixé jusqu'à l'aveuglement*

Rojo despierta el fuego de los pastos
su vigilia reseca. Un tallo erguido
(secreta, la llama espera levantarse)
vertebra erguido el camino del lucero:
blanco, disuelto vigía de lo que huye.

*

Blanca despierta el fuego la vigilia
del pasto. De la piedra, reseca,
una estrella espera levantarse. Aun
("rojo se eleva en el estanque
verde el pez") lo fugaz brota de la calma.

*

Rojo el campo se abre hacia la noche.
Gris se tiende, o incierta: de presencia
oculta, una cabaña parece levantarse.
Espera una luz (la llama no responde
a la chispa inicial) ser encendida.

*

Blanca reaviva el fuego la vigilia
del día. Camino entre la hierba,
erguido, y los tallos erguidos
parecen vigilarme. De la piedra otra piedra,
en la cabaña, alza la luz. O el fuego.

Guard

for and by Franc Ducros: ce point, que l'oeil aura fixé jusqu'à l'aveuglement

Red wakes up the fire of the pastures,
it dries up its vigil. A straight stem
(secretly, the flame waits to start)
straight vertebra the road of the bright star:
white, dissolved sentry of what it flees.

*

White wakes up the fire of the vigil
of the pastures. From the rock, dry,
a star waits to get up. Even
("the fish elevates itself in
the green pond") the fleeting sprouts from the calm.

*

The field look red as night approaches.
It tends toward grey or uncertain: of hidden
presence, a shack seems to rise up.
It awaits the light (the flame does not respond
to the initial spark) to be turned on.

*

White rekindles the fire of the vigil
of the day. Road among the weeds,
straight, and the straight stems
seem to keep watch over me. From the rock another rock,
light appears in the cabin. Or the fire.

*

Si estuviera la noche por caer, la estera
por vencerse. El día por anudar
los pastos al fuego del inicio
o a la vigilia el disco negro, de huesos
que esperan despertar, que ocupara
la forma de la luna. ¿Has comenzado
a ver tus propios ojos en el agua,
en piedras sumergidas? El estanque:
la superficie, con las manos abiertas,
arde por esas piedras que hay al fondo.

*

It night were about to fall, the mat
about to give in. The day about to tie
the pasture to the fire of beginning
or to the vigil of the black record, of bones
that wait to be woken, that would be
the form of the moon. Have you begun to
see your own eyes in the water,
in the submerged rocks? The pond:
the surface, with open hands,
burns because of the rocks at the bottom.

Gamoneda

Un grano
más, de ceniza
o espiga,
          y el aire
de la estación ahueca sus parvadas.

(El heno es casi tan blando como las insinuaciones
del temporal: ardería con ellas.)

Queda, en el espacio
abierto, sin lugar, donde
la navaja sucumbe a la presión del óxido,
tu cara.
          Donde nada se anuncia
ni al fin llega.

(El carbón y los resplandores,
el oído, la sustancia,
las sustancias,
          son
algo solo en la noche.)

Gamoneda

One more grain
of ashes
or sprig,
            and the wind
of the season protects its flocks.

(The hay is almost as soft as the insinuations
of the storm: it would burn with them.)

Your face remains, in the open space,
without space, where
the knife succumbs to the pressure of the rust,
your face.
                Where nothing is announced
nor does it ever get there.

(The carbon and the splendor
the ear, the substance,
the substances,
                are
something only in the night.)

Verano tardío

El puño toma forma
alrededor de la primera castaña.
(La mano se aprieta como el polvo
en la imantada gestación de la piedra.)
No acallaría el mensaje de la nuez
todo el verano del parque.

Late Summer

The fist takes form
around the first chestnut.
(The hand is tightened like the dust
in the magnetized preparation of the rock.)
It would not silence the message of the nut
all of the summer of the park.

La suma de las partes

Ignoro si haya bosques pasajeros,
aguas provisionales
o troncos de grosor indiferente.
La palabra flotó sobre las aguas
un día —una noche—
que ya las arboledas eran eso: tinieblas.
El bosque apenas me pregunta nada
y yo apenas respondo.

En cambio, sé —más o menos lo sé—
que las palmeras y los fresnos,
en la ciudad, parecen solos

o simplemente no parecen
hayas ni jacarandas, tules ni desmedidas
parotas de otro tiempo. Algo semejan:
voces
por lo sonoro extintas, de idiomas extraviados,
por lo sólido huecas, hundidas por su altura.
Lenguas remotas, o apagadas,

o incipientes
aires del fin, del término, aseguren
el paso de mi cuerpo entre la sombra
y el fuego, de una calle
a la otra,
y junten con sus partes
la duración de un bosque permanente,
aunque yo no responda.

The Sum of the Parts

I don't know if there are temporary forests,
provisional waters
or trunks of indifferent thickness.
The word floated in the waters
one day---one night---
when the groves were that: darkness.
The forest hardly asks me anything
and I hardly respond.

On the other hand, I know—I know more or less—
that the palm trees and the ashes,
in the city, seem lonely

or simply they do not resemble
beech trees or jacaranda trees, tule trees, nor disproportionate
elephant ear trees from a different time.They resemble
voices   [something:
because of the loudness extinct, of lost languages,
hollow because of the solidness, sunk because of its height.
Remote languages, or extinct,

or emergent
airs of the end, of the term, ensure
the passage of my body between the shadow
and the fire, from one street
to the other,
and put together with its parts
the life of a permanent forest,
even though I don't respond.

Líneas de octubre, o límites

Por qué venir.
La ventana se ahueca y nos repite.
No habrá tormenta si esos pájaros
consiguen desprenderse unos de otros,
alborotar sus nexos de racimo y de piedra
y anidar en follajes más altos que el futuro.

Por qué venir.
Ya en el aire se aspira nuestro aliento.
(Horas por las que avanza el día,
nubes por las que avanza el aire
sin que el tiempo se mueva.)

Tendrás que detenerme: abrir las manos
y cerrar desde lejos la ventana.

October Lines, or Limits

Why come?
The window becomes lose and repeats to us.
There will not be a storm if those birds
are able to detach from one another,
disrupt their connections with the bunch and the rocks
and make their nests in foliage that is higher than the future.

Why come?
In the air you can already inhale our breath
(hours by which the day advances,
clouds by which the air advances
without time moving.)

You will have to stop me: open your hands
and close the window from far away.

Grabado en láminas opuestas

a Teresa, que lo está dictando

De la puerta no exijo que se abra.
Le pido, y está en ella
negarse, que refleje
sobre mi rostro el cuerpo de su espera
incierta o suspendida entre dos muros.

No me atrevo a tocarla.
Fue tallada por manos verticales,
por navajas directas
que olvidaron siquiera maldecirla.
De rodearme la noche,
de obligarme la noche a llamar fuerte,
¿quién me recibiría del otro lado?

Ni materia ni espectro: igual que mares
sin costa, igual que un cepo
desde la hierba o transparente
                              nos vigila
como a finales de septiembre acecha el viento.

Engraved on Opposite Sheets

To Teresa, who is dictating it

I do not expect the door to open.
I ask it, and it is up to her
to refuse, that it reflect
on my face the body of its uncertain
wait or suspended between two walls.

I do not dare touch it.
It was carved by vertical hands,
by direct knives
that even forgot to curse it.
If the night surrounded me,
if the night obliged me to call out loud,
¿who would await me on the other side?

No matter nor ghost: just like seas
without a coast, the same as a trap
from the grass or transparent
                          it watches us
just like the wind stalks us at the end of September.

J. Á. V.

(*Espejo fúnebre.*)

Si nunca me hablaste de morir, y si yo nunca
me hablara de qué por miedo a sorprenderte
en mí, en mi voz, en donde no debieras
ya estar pasada la enseñanza, formado
mal que bien —mal— el aprendiz, entonces

¿quién dijo lo que oí, quién oyó nada?

Pudiéramos fingir que no hay sonidos,
que no brotan los nombres
de nada que no sea el silencio.
Pero lo cierto es que hay más bien demasiados
y todos te convocan, apresándote.

J. A. V.

(Mournful mirror.)

If you never talked to me about dying, and if I never
talked to myself because I was afraid to surprise you
in myself, in my voice, where you shouldn't be
already passed the teaching, formed
bad for good---bad—the apprentice, then

who said what I heard, who heard anything?

We could pretend that there are no sounds,
and that the names do not appear
from anything that is not silence.
But the truth is that there are really too many
and they all summon you, seizing you.

Espejo

In memoriam Pedro de Aguinaga (1920-1996)

Arteria misteriosa, el cuello: por sus lados
carga indudable un sol que baja de la cara
sin ser el mismo sol del mediodía.
Arteria misteriosa —qué sangre, qué sangres la vacían y la
distienden—
o fuente levantada en salivas verticales.
El aire lo desune
a fuerza de tatuajes y respiraciones, de no decirle nada y
obligarlo,
rodeándolo, a curvarse
igual que si esperara una palabra. No se tiende:
se agrieta. Se tendería un fruto a nuestras manos,
que acaso reflejarían su mansedumbre
como una doble mesa de apetito y descanso, como un fresno
abierto en ramas pares y sombras intermedias.
Abierto, sí: la corteza
modela su textura en la superficie del mentón, y las llagas son
trastos de resina,
               barba jadeante
de tres noches, cabello
de tres meses, dedos que siguen afilándose
en tres años como tres viajes abruptos
a la casa natal, ya demolida, y a un mar que parece recogerse
y aumentar sobre el fundamento del oído, y a las propias
[quijadas.
No se agrieta: diluye
al tacto algo que apenas habría dicho
después, cuando el tiempo no fuera únicamente
lo que baja del rostro, lo que viene dispuesto en la mirada.

Mirror

In memory of Pedro de Aguinaga (1920-1996)

Mysterious artery, the neck: by its sides
undoubtedly carries a sun that comes down from the face
without being the same noon sun.
Mysterious artery—what blood, what bloods empties it and
distends it--
or raised fountain in vertical salivas.
The wind separates it
by means of tattoos and breathing, by not saying anything and
obligating it,
surrounding it, to curve itself
in the same way as if waiting for a word. It does not
it cracks. A fruit would be set up in our hands, stretch;
that perhaps would reflect its docility
like a double table of appetite and rest, like an ash
that is open in paired branches and intermediate shadows
Open, yes: the bark
models its texture on the surface of the chin, and its wounds are
resin receptacles,
                panting beard
of three nights, hair
of three months , fingers that continue to sharpen
in three years like three abrupt trips
to the birth home, already demolished, and to a sea that seems
[to come together
and increase on the base of the ear, and on the same jaws.
It does not crack: it dilutes
upon touching something that I would have hardly said
later, when time would not be something that only
is seen in the face, what comes arranged in the look

y no adopta sino las formas de una cama deshecha:
Sí, el cuello, y sólo   [respiración, tatuaje.
hasta los labios, hasta, hacia y adonde se abre o se define
la boca, racimo de frutos angulares.

and adopts the form of a broken bed: breathing, tattooing.
Yes, the neck and only
up to the lips, up to and towards and where the mouth
opens or is defined, bunch of angular fruits.

Punto

Escribes una línea, o la trazas.
Viene después el término: escribes una orilla.
El punto me lleva de regreso
a lo que no eras tú, ni era un donde, ni podría ser lo
comenzar otra vez, porque nada comienza. [mismo

El punto es la disolución de tus palabras
y tú mismo lo inscribes.
Un terminar más pronto
que fuera demorándose, atrasando

este círculo repleto
y breve: su propio acabamiento.
Como los cuerpos que trabajan, y las manos grises,
la cara igual que sucesiones
de polvo.

Los cuerpos que se agotan consumándose.

Period

You write a line, or you trace it.
Later comes the term: you write one edge.
The period takes me back
to what you were not, nor was it a where, nor could it
to start again, because nothing starts.   [be the same

The period is the dissolving of your words
and you yourself inscribe it.
A quicker ending
that would be held up, delaying

this full and brief
circle: its own ending.
Like the bodies that work, and the grey hands,
the face is the same as strings
of dust.

The bodies that get tired consuming themselves.

THREE

NOTHING

TRES

NADA

Alberto Girri

La forma, por ejemplo, que toman poco a poco los jabones. Pongamos que la forma última: no las figuras de lengua o de papiro, de mano por lo cóncavo, de lámina, de molar desgastado, navaja inservible, opaca huella digital, pliego sin letras y cara paliducha que adoptan al cumplirse la víspera de su aniquilación. Jabones, por ejemplo. De sustancia final,desvanecida.

Alberto Girri

The form, for example, that the soap takes little by little. Let's say
that the last form: not the oral or papyrus forms, of the hand
because of the concave form, of sheets, of worn out molar, of
useless knife, opaque fingerprint, sheet of paper without letters
and pale face that they adopt on the eve of their destruction.
Soaps, for example. Of a final substance, dissipated.

El público

En las palomas de la plaza
cultiva su auditorio más ilustre
la voz que las ahuyenta.

The Public

The voice that chases them away
cultivates its most illustrious audience
in the doves found in the square.

Peatón de menos

Avenidas, monólogos
de sed,
aros a fin de cuentas: el principio
termina cuando arrancan
los coches, donde agota
la máquina su espera.
El comienzo, la fe
de la serenidad perdida.
Ya sucedió el principio: andamos en las últimas.

O calles, también calles, resignadas
apuestas:
perder se puede siempre. No se gana
de pie, ni andando, el otro lado:
a rastras, a jalones,
a verdaderas gatas desemboca
tu cuerpo en bocacalles
otra vez desmentidas, clausuradas
por el mismo infinito que las abre.
Tu espanto, sí, de infinitos motores.

Unfortunate Pedestrian

Avenues, thirsty
monologues
at the end, hoops: the beginning
starts when the cars take off,
the engine waits
where it runs out.
The beginning, the faith of
lost serenity.
The beginning already occurred: we are at the end.

Oh streets, also streets, resigned
put in place:
you can always lose. You don't win
standing, nor walking, the other side:
dragging, pulling,
truly crawling your body
leads into side streets
again refuted, closed
by the same infinite space that opens them.
Your ghost, yes, of infinite motors.

Tonadilla del árbol

Sorprendo al árbol de reojo, y son mi rostro
dos ojos: el de insistir y el que olvidara
incluso lo evidente. Si lo llamo

no importa: un árbol es precario
aunque frondoso de palabras, hoja
o raíz, copa y nido
y raíz. Y una sentencia,
una frase colmada,
me sirve —aunque frondosa— para verlo
de lejos nada más: endeble. Si lo llamo

es con palabras que no escucha, y las palabras
no escuchan. A la vuelta,
donde se anudan pasos decididos,
indeciso en el rumbo, en esa calle
grande, se agacha como juntando sus fragmentos
el árbol. Si lo llamo,

¿lo llamo para verlo?
Del agua, en el mar, vemos las olas
pero el agua del fondo nos olvida.
Sorprendo al árbol que me olvida. Lo llamo por no verlo.

Tree Song

I surprise the tree as I sneak a peak, and my face
is two eyes: the one that insists and the one that forgets
including the most evident. If I call it

it does not matter: a tree is unstable
although full of words, leaf
or root, top and nest
and root. And one sentence,
a full phrase,
will help me—although dense—to see it
from far away only: unstable. If I call it

it is with words that he does not hear, and the words
do not hear. At the turn
where determined steps are tied,
undecided as to the course, in that big
street, the tree bends down as if to
gather its fragments. If I call him,

do I call him to see him?
From the water, in the sea, we see the waves
but the water deep down forgets us.
I surprise the tree that forgets me. I call it so as not to see it.

Moraleja

Mirando abajo, por la ventanilla, entre la sombra de los coches
viste quizá la sombra de una urraca
momentánea —pues era mediodía,
cuando el sol no permite
que los muros den paso a los tejados.

Mirando abajo, entre la sombra
de la urraca y el paso de los coches,
viste que había una sola calle,
un solo brillo de febrero, y de marzo,
y un año solo todo el tiempo.

Todo el tiempo. Todo es lo mismo desde siempre.

No hay duda que fue un pájaro, sólo que ahí en la sombra
no estaban sus colores
ni de tan rápido cantó de forma que se viera.

La sombra es una mancha negra —ya se sabe—
y el pavimento el pecho de la urraca, más claro.
Es lo que viste, lo que siempre
has visto: sombras.

Todo es lo mismo desde siempre.
Tal vez lo que se dice
con la palabra siempre, sin embargo,
va desapareciendo entre los coches.

Moral

Looking down, through the window, in between the shadow of
you probably saw the momentary shadow of a   [the cars
crow—since it was noon,
when the sun does not allow
the walls to make way for the roofs.

Looking down, between the crow's
shadow and the passing of the cars
you saw that there was only one street,
one brilliance of February, and of March,
and only one year all the time.

All the time. Everything has always been the same.

There is no doubt that it was a bird, only in the shade
its colors were not visible
and it was so fast that it did not sing in a way that it could be
                                                    [seen.
The shadow is a black spot---that is evident—
and the pavement, the crow's breast, more clear.
That is what you saw, what you have
always seen: shadows.

Everything has always been the same.
Perhaps what is always
said with words, however,
is disappearing between the cars.

Das Nichts

Acumulamos pruebas —yo, tú—
y un día cualquiera nos decimos: ¿de qué?
Testimonio, en efecto,
de qué otra inexistencia sin testigos.

Das Nichts

We accumulate proof---you, I—
and on an ordinary day we tell each other: what?
Testimony, in reality,
of what other inexistence without witnesses.

Western

(Leyendo a José María Guelbenzu.)

Me dices: "Todos están muertos".
Todos bailan aún
porque se están muriendo.
Buscan discretamente en el buzón
una palabra ansiosa; encargan,
sin mediar el segundo, un tercer
trago; cantan o murmuran
porque se están muriendo.

Me dices que todos están muertos.
No los arrastra la serenidad: se dan,
a plena luz, de lleno
—y eso con lo que miran son dos ojos,
y redondos— contra las vidrieras.
No los obliga la sabiduría:
cambian de tono y se preguntan

cuántas manos les estarán dando la mano
en cada barandal; cuántos pueblos de oro,
diferidos, cuántos rostros de oro,
frágiles y ardientes, de lleno contra el aire,
se agolparán al centro del desierto
llamando al jinete que los hunda,
los humille. Sin mediar un segundo,
el tercer trago: y bien muertos.

(En el buzón, discretamente,
habrás deslizado este mensaje:
"¿Hacia dónde se mueven
los que bailan?"
                        Ah, puertas que existan
únicamente para abrirse, para nunca
abrirse. Como sus ojos, te respondo:
hacia ninguna parte.)

74

Western

(Reading José María Guelbenzu)

You tell me: "Everyone is dead".
They are all still dancing
because they are dying.
They look discreetly in the mailbox
for an eager word; without measuring the second,
they ask for a third drink; they sing or murmur
because they are dying.

You tell me that they are all dead.
Serenity does not drag them: they hit themselves,
in broad daylight, fully
--and that with which they see are two eyes,
and round—against the windows.
Wisdom does not compel them:
they change tone and ask themselves

how many hands are helping them
on each rail; how many gold villages,
differed, how many gold faces,
fragile and burning, fully against the wind
will crowd together in the middle of the desert
calling on the horseman to sink them,
to put them to shame. Without interceding for a second,
the third drink: and really dead.

(Discreetly, in the mailbox
this message was slipped in:
"Those who dance, to what direction
are they moving?"
                              Oh, doors that exist
only to be opened, to never
be opened. Like their eyes, I will respond:
towards nowhere.)

Guerreros en el desierto

El agua que bebemos
la bebemos caliente.

La sangre que bebamos
la beberemos tibia.

Si acaso pudiéramos tragar saliva
nos la tragaríamos helada,
como lógicamente corresponde.

Warriors in the Desert

The water that we drink
we drink it hot.

The blood that we will drink
we will drink it warm.

If we could swallow saliva
we would swallow it cold,
like it logically should be.

Al contrario

Los ojos ven. De mirar,
miran. Tampoco

estamos desistiendo, yéndonos
del todo. La maldad
o el mal, que no son

lo mismo. El árbol
o la sombra. Pájaros

en aquél, así sean
cuervos. El puro
descenso del color, del vuelo

en ésta. El puro
aquel, puro este. Eh,
muerte: aquí está
tu victoria.

On the Contrary

The eyes see. From seeing
they see. We are

not giving up either, leaving
totally. Wickedness
or evil are not

the same. The tree
and the shadow. Birds

in that one, could just as well be
crows. The pure
dropping of the color, of the flight

in this one. That pure
one, this pure one. Hey
death, here is
your victory.

FOUR

CUATRO

L'aïeul terrible

a Gisèle Pierra, lectora
de las Iluminaciones

Adán. Edén. Adén.
                 Había
que desmentirlo todo. No
fuimos el primer hombre.
Alguien vivió—
si alguien vivió en el Paraíso

lo habrá juzgado inhabitable, habida
cuenta del huir.
                 Habida,
habrá, había. Son otras
las aguas que nos beben.
Es cosa de quedarse,
de qué darse aquí mismo
sin borrar las huellas:

tortuga en el estar,
pez en el irse.

L'aïeul terrible

To Gisele Pierra, reader
of the Illuminations

Adam, Eden, Aden.
                We had
to deny it all. We
were not the first man.
Someone lived---
if someone lived in Paradise

they would have determined it to be uninhabitable,
would have been reason to leave.
                        Has been
will be, had been. The waters
that drink us are other ones.
It is a matter of staying,
of what to give here
without erasing the tracks:

turtle in staying,
fish in leaving.

Segunda vuelta

(Sobre un tema de Paul Celan.)

Nuestra mano
más joven, que el silencio
nos impide mirar,
que nos ruega el silencio

no mirar,
        alcanza,
                    con
las uñas raya
por lo bajo el suelo de inaudible
ladrillo y pulveriza, un sí,
un no,
            esas graves palabras

que habríamos preferido
simplemente
tragarnos.

*

Quién, dije. Y a la luz,
traslúcida, contra
la luz vi tras mi mano
derecha un fulgor rojo
y tras mi mano
izquierda la osatura, no
encarnada, de un rostro
que aprendió a no mirar
y a no mirarme. ¿Quién,
cuál es más joven?

*

Ayer o simplemente
la víspera
tragarnos:

Second Turn

(On a topic of Paul Celan.)

Our hand
younger, than what silence
prevents us from seeing,
that silence denies us

do not look,
      reach,
          with
the nails scratch
at the bottom of the ground of inaudible
brick and it crashes, a yes,
a no,
      those serious words

that we would have preferred
simply
to swallow.

*

Who, I said. And with the light,
translucent, against
the light I saw behind my
right hand a red glow
and behind my left
hand, the skeleton,
disembodied, of a face
that learned not to look
and not to look at us . Who,
which one is younger?

*

Yesterday or simply
swallow
yesterday:

vocales para el ah
y el quizá,

                palabras de partir
a la hora en punto.

Tras la más
joven de nuestras
manos se endereza

un círculo de muros nunca alzados.

Que el
silencio.

vowels for the oh
or the perhaps,

                    words of departure
and the hour on the dot.

Against the youngest
of our hands
stands up

a circle of walls that have never been raised.

That the
silence.

Ira del sobreviviente

a Martín, de viaje

Quise una vez que todo
aquí viniera de perderse.
Todo está viniendo: esto
es lo cierto.
                    Todo, el
año, que viene, y la semana,
la mañana que viene

y todos ellos, los
hombres en la calle, pueden
ser mi padre, y es
un hecho que no. Qué
van a ser.
                    Esta mañana
qué será el pensamiento, el que
viene o fue tuyo, de mí

si no puedo hablarlo
ni andarlo por las calles.
Qué andamos por la calle, además.
¿Andamos con los pies
o andamos el pie que se distingue
al abrirse las formas del espacio?
El pie que se desprende, abierto
como un fruto: eso andamos.

Voy por la calle, y todo, y
encuentro a veces monedas en la calle
y me pienso feliz.

Survivor's Rage

To Martin, traveling

Once I wanted
everything here to return from being lost.
Everything is coming: that
is the truth.
                    All of
next year, and the week,
the next morning

and especially all of them, the
men in the street, could
be my father, and it is
a fact that it is not true. What
are they going to be.
                    This morning
what will the thought be, the one
that comes or was yours, from me

if I cannot express it
nor walk it through the streets.
Besides, are we walking through the street?
Are we walking with our feet
or are we walking with the foot that distinguishes itself
when the forms of space open up?
The foot that becomes lose, open
like a fruit: that is what we walk.

I am walking through the street, and everything, and
sometimes I find coins in the street
and I feel happy.

Y hablar,
porque a nadie le importa
si te callas.
          Y las cosas, ¿dónde
se ponen cuando yo me alejo?
Todo, el fruto, la semana,
el pie. Regresé,
pero adónde.

And talk,
because nobody cares
if you are quiet.
        And the things, where
are they placed when I leave?
Everything, the fruit, the week,
the foot. I returned,
but where.

Lo de los grillos

Salí a comprobar lo de los grillos.
De verdad son
                esos dientes de madera
que se desgastan sin provecho, y sin buscar
provecho: rompiéndose los bordes,
la pulpa, las raíces: cantando.
Son lo que uno dijera
que parecen: guitarras de una cuerda,
y muy floja.
                        Bengalas
tras el naufragio del sonido.

A veces no los oigo, y nunca
llego a verlos.
                        La noche
comienza por los grillos, pero
los grillos no empiezan con la noche:
no responden siempre. Y yo,
¿he sabido negarme a la obediencia?

Pasa también que de pronto no me oigo.
Hay un saber que se rompe
o se desdice. De pronto
son, los grillos,
no dientes, ni guitarras. Pero sí
de madera: brazos callados
que sostienen.

Lo sé cuando se callan: que son inapelables
Regimientos de sombra que despojan.
De verdad son un pozo y son llanuras.

No los oigo. No tengo
sueños por la noche,
de modo que ya he muerto.

About the Crickets

I went out to verify the matter of the crickets.
They really are
                    those wood teeth
that waste themselves without benefiting, and without
looking for a benefit: tearing the borders,
the flesh, the roots: singing.
They are what one would say
they look like: one string guitars,
and very lose.
                    Flares
after the failure of the sound.

Sometimes I don't hear them, and I never
get to see them.
                    The night
starts with the crickets, but
the crickets do not start with the night:
they don't always respond. And I,
have I known how to reject obedience?

It also happens that I don't hear myself right away.
There is a wisdom that is broken
or is taken back.   All of sudden
it is the crickets,
not teeth, not guitars. But it is
the wood: quiet arms
that hold up.

I know when they are quiet, they are unappealable.
Crowds of shadow that are deprive.
Truly, they are a hole and they are plains.

I don't hear them.
I do not dream at night
so that means I have already died.

Demarcación final

Estuve donde mismo. Estoy
donde faltaron siempre las orillas
o el centro: no puedo recordarlo.
Estoy

donde no puedo recordarlo: falta siempre
lo mismo, un par de cruces
por la ventanilla, un cerro
negro de pericos

o de lianas que bajan hasta el agua;
un mar al fondo, atrás, imprevisible,
hace falta. Las orillas
abiertas: desde mí, de mí, sin

lo que fuera. O la demarcación
de un centro, una memoria, un agua: donde mismo.

Final Demarcation

I was at the same place. I am
where the edges or the center
were always missing: I cannot remember.
I am

where I cannot remember: the same thing
is always missing, a pair of crosses
by the window, a black
mound of parrots

or of vines that go down up to the water;
a sea at the bottom, behind, unpredictable,
it is lacking. The open edges: from within me, from me, without

whatever. Or the demarcation
of a center, a memory, water: in the same place.

FIVE

THAT A DAY WOULD CEASE

CINCO

QUE UN DÍA CESARA

I

Te imaginas que esto.

Que adentro de las piedras,
al reverso del orden de la noche.

Que muchas de las cosas
que sabes, que son
pocas.

Que al reverso, donde

no puedo estar. No puedo
aún decir: "Fui".
No puedo aún decir:
"No".

Estoy pidiendo.

imagine si ceci
un jour ceci
un beau jour
imagine
si un jour
un beau jour ceci
cessait
imagine
SAMUEL BECKETT,
Mirlitonnades

I

You imagine that this.

That inside the rocks
opposite the order of the night.

That many of the things
that you know, that are
few.

That on the other side, where

I can't be. I cannot
even say: "I went".
I cannot even say:
"No".

I am asking.

II

Pensarías que no estoy
si te dijera: oye.

En aquel tiempo lo dije, y pensarías

hoy que no estuve allí,
diciéndolo. Ni tú

para oír, en la casa vacía,

para oír
el vacío que se abre.

II

Would you think that I am here
if I told you: listen.

I said it then, and would you think

today that I was not there,
saying it. You were not there either

to hear, in the empty house,

to hear
the emptiness that opens.

III

El verano empieza por debajo del agua, y el invierno
llega simplemente. Un día
ya comenzó, y es muchos días
que hacen durar un fuego consumido.

Yo empecé por enmedio, por octubre,
y sé muy poco de los bordes.

Los límites del fuego y otra cosa.

III

Summer begins under the water, and winter
simply arrives. One day
already started, and a consumed fire
lasts for many days.

I started in the middle, in October
and I know very little about the edges.

The limits of the fire and other things.

IV (Fábula)

Un arroyo, y se tuerce.
Debajo se agrupan los guijarros
como huesos que viven, que se oyen.

Y así la torcedura del arroyo
vuelve a un llano sin término, acabado.
Piedras: ya nada las arrastra,
y se resecan luego.

IV (Fable)

A stream, and it turns.
Below the pebbles come together
like bones that live, that hear each other.

In the same way, the stream's turn
returns to a plain that has no end, finished.
Stones: nothing drags them,
and they dry up later.

V

La sombra te oculta la escalera.
En la sombra

no puedes ver tus pasos.
En ella.

Algo que sube. Algo
oscuro.

V

The shadow hides the ladder from you.
In the shadow

you cannot see your steps.
In it.

Something that goes up. Something
dark.

VI (Solo)

Los ruidos,
para oírlos. Aun
a solas, como se oyen

voces. Pero
un martes
de qué sirve.

Las piernas. No se diga
un buen par: un, dos, tres,
vuelta. Pero

de qué sirve un martes.

La desfiguración, el deshacerse,
el desacato
del cuerpo. Pero

un martes.

VI (Alone)

The noises,
to hear them. Even
alone, how voices

are heard. But
a Tuesday,
what is it good for.

The legs. Not to mention
a good pair: one, two, three,
turn. But

what is a Tuesday good for.

Distortion, the coming apart,
the contempt
of the body. But

a Tuesday.

VII

Cesara un día.
Partiera sin más de un lado al otro,
de un momento
al otro.

Y fuera ese otro lado, ese momento
aquello que no es donde,
aquello que se ignora
y desconoce nuestras puntas, nuestros extremos, nuestros
y no sabe de mí.   [límites,

Igual que nada.
Viene y me dice: igual
que nada. Vengo
y me dicen, me dan, me ven
y cuanta madre.
Me pregunto si vivo

y la pregunta sola me responde:
¿vives?

VII

If a day would stop,
it would, without anything else, part from one side to
from one moment   [the other,
to the other.

And if that would be another side, that moment
that which is not anywhere
that which is ignored
and does not know our ends, our extremes, our limits,
and does not know about me.

Just like nothing.
He comes and tells me: the same
as nothing. I come
and they tell me, they give me, they see me
and what the hell.
I ask myself if I live

and the question itself answers me:
Do you live?

VIII (Memorandum)

Insistir en las manos.
Insistir en los ojos, en la piedra, en el nombre.
El vino que ciegue las fisuras
del vientre,

la madrugada que agote los reflejos,
que deje un solo nombre para el día,

el agua que se abra.

Volver sobre los ojos. Volverse
a la piedra
sin decirla.

Ya es tu nombre.

VIII (Memorandum)

Insist on the hands.
Insist on the eyes, the rock, on the name.
The wine that blinds the fissures
of the abdomen,

the dawn that wears out the reflections,
that it leave only one name for the day,

that the water open up.

Return upon the eyes. Go back
to the rock
without telling it.

It is already your name.

IX

Te imaginas que esto,
un día
esto.

Que un buen día:
cadáver, y no se lo propone.

Que un buen día:
cuerpo, y respira sin desearlo.

Te imaginas,
un día, mucho
más que apenas,
más

que suficiente.

Si un día esto
cesara.

IX

You can imagine that this,
one day
this.

That one good day:
cadaver, and without even trying.

That one good day:
body, and breathes without wanting to.

You can imagine,
one day, much
more that barely,
more

than enough.

If one day this
would end.

SIX

FOREIGN LANGUAGE

SEIS

LENGUA EXTRANJERA

Proverbio

Que los almendros han ardido
en repentinas cabelleras de anciano:

donde hay ceniza el humo se recoge.

Donde humea la ceniza
la tierra es dos pájaros aún
que ignoran su nombre y conocen los follajes.

Proverb

That the almond trees have burned
in sudden elderly hair

where there are ashes, the smoke will gather.

Where the ashes smoke
the earth is two birds even though they
don't know their name and know the foliage.

Inscripción cuneiforme (Ur, ca. 2100 a. C.)

Las cámaras bajas de la torre
serían así el comienzo de otra orilla: la más alta.
Hay pájaros ya en los fundamentos, en el sótano,
en el cubo deshecho del aljibe.

Te demorabas antes en la orilla,
en la cornisa última,
en los remates que hacen de la piedra
una tela bordada, el baúl de un orfebre.

Hoy te acercas por fin, y encuentras en las piezas bajas,
aleteando, la razón imprecisa de la torre: pájaros.
Tallados por el tiempo, que de todas formas
ya te había demolido.

Cuneiform Inscription (Ur, ca.2100 Before Christ)

The low tower cameras
were perhaps the beginning of another bank: the highest.
Birds are there already on the foundation, in the basement,
in the ruined bucket of the well.

Before you would take your time at the shore,
on the last ledge,
on the end that is formed by the rock
an embroidered cloth, the goldsmith's trunk.

Today you finally get close, and you find in the low places,
flapping, the uncertain reason for the tower: birds.
Carved by time, which anyway
had already destroyed you.

Puerta de servicio

...con la ignorancia de la nieve
y la sabiduría del jacinto.
Ramón López Velarde

Si el cuerpo es de perfil una suposición del cuerpo,
en este muro pueden suponerse
la ventana cerrada, la cama sin tender y el patio a solas,
las palabras no dichas de la casa entera.

En la garganta, donde hay sumergidos corredores,
la saliva se hunde como una llave aislada
y la sangre imita la versión del agua en los cántaros.

(En la garganta, en la sangre, donde no hay espejos.)

Pero la casa entera es un perfil ausente
como ya es la pared el contorno de otras caras,
el reflejo sombrío de los que van pasando
y a contraluz imprimen, sin quererlo,
una estampa incorpórea que no los reconoce.

Pero en la casa reinan piedras mudas
y dejan de cantar los mismos pájaros.

Quedarían por decir los nombres del jacinto,
por ver las disoluciones de la nieve.
Que se llenara el patio de figuras, y la cama se ordene,
y se abra la ventana sin que nada se oiga:
de noche llueve más bajo las lámparas.

Service Door

*...with the ignorance of the snow
and the knowledge of the hyacinth*
Ramón López Velarde

If the silhouette of the body is a resemblance of the body
on this wall you can assume there is
a closed window, an unmade bed and a patio
the unsaid words of the whole house.

In the throat, where there are submerged corridors,
the saliva sinks like an isolated key
and the blood imitates the water in the jug.

(In the throat, in the blood, where there are no mirrors.)

But the whole house is a missing silhouette
just like the wall is the outline of other faces,
the somber reflection of those who are passing by
and against the light they impose, without meaning to,
an incorporeal image that does not recognize them.

But mute rocks rule the house
and even the birds themselves stop singing.

The names of the hyacinth remain to be said,
the dissolving of the snow remains to be seen.
That the patio door fill up with figures, and the bed be made,
and the window opened without hearing anything:
at night it only rains under the lamps.

Historia general

La cifra. El número. La cantidad.
El número, tal vez. La cantidad
que las hojas de un árbol trasladan al presente
de colores antiguos,
de matices previstos o anunciados
ya en los jardines de la infancia. El nombre
que no tienen los árboles ahora,
que sin ser es también el de los pájaros
y yo digo lo mismo que hace mucho:
me recuerdo.

Que sin ser es también el de la savia,
el de las hojas.

(El segundo anterior, el minuto que no puede terminar
sin el repaso inútil de los daños,
sin el temido cumplimiento de la esfera,
no vuelve con palabras.
                    Sin palabras,
¿podría volver? No pido que regrese;
pido que pueda regresar,
que pueda un día.)

Jardines de la infancia
que no habrán sido, ahí, jardines
bajo un cielo que no era del pasado.
De tener nombre,
lo tienen sólo ahora.

Y no lo tienen, porque tampoco tienen cifra.
Yo digo que son muchos.

General History

The figure. The number. The quantity.
The number, perhaps. The quantity
that the leaves of a tree transfer to the present
of old fashioned colors,
of anticipated or announced shades
already in the gardens of childhood. The name
that the trees do not have now,
that without being it is also that of the birds
and I say the same thing as long ago:
I remember.

That without being it is also that of the sap,
of the leaves.

(The second before, the minute that cannot end
without the useless repose of the damage,
without the feared compliance of the sphere,
does not return with words.
                             Without words,
¿could it come back? I do not ask that it return:
I ask that it can return,
that it can some day.)

Childhood gardens
that have not been, there, gardens
under a sky that was not from the past.
To have a name,
they have it only now.

And they don't have it because they don't have a
I say that they are too many.   [figure either.

El cumplimiento de la esfera
lo anuncian para ellos cuántos pájaros,
dónde: migratorios,
que son árboles vistos desde arriba
y no vistos: oídos
como alientos.

No pido que regresen;
no el mar, sino el ruido del mar.
Un solo pez que brame sin oírse.

The compliance of the sphere
is announced for them by so many birds,
where: migratory,
that are trees seen from above
and not seen: heard
like breaths.

I don't ask that they return;
not the sea, but the noise of the sea.
Only one fish that cries out without being heard.

Proverbio del apóstol Pablo

(Al margen de Rembrandt.)

Ni el cuerpo se mide por sus pasos
ni el cuenco de la voz por sus palabras.
El cuerpo, de una pieza, calla y se deshace.

Proverb by Apostle Paul

(On the margins of Rembrandt)

Neither the body is measured by its steps
nor the sound of the voice by its words.
The body, in one piece, becomes silent and dissolves.

Lo inminente

Después de subir cuántos peldaños,
afilados peldaños,
largos minutos que me temblarán los dedos
y un clima de mangas de camisa

(pareciera que hay puertas,
muros que no podríamos derribar
ni espaciar con ventanas)

escucharé tu voz, o hablaré por lo menos
conmigo en el espejo de tu cara,
contigo en el espacio de una lengua
sin verbos ni sílabas ni comas.

Hoy conocí en tu rostro, hermano,
los límites del mío.
Después de subir a qué desvanes
o desandar los metros de qué tiempo en ruinas.

The Imminent

After climbing how many steps,
sharp steps,
long minutes that my fingers will shake
and a climate for short sleeve

(it seems that there are doors,
walls that we could not demolish
nor space with windows)

I will listen to your voice and I will at least
talk to myself in the mirror of your face,
with you in the space of a language
without verbs, nor syllables, nor commas.

Today I met your face, brother,
the limits of mine.
After climbing what attics
or retracing the meters of what time in ruins.

De la intemperie

...rodar y rodar, rodar y rodar...
José Alfredo Jiménez

Dejo pasar las piedras
que me dirían tal vez la forma del camino,
su complejo abandono,
su descenso imprevisto por cañadas
que nadie recorriera.
Son el vacío que agarra cuerpo,
el cuerpo que se ahueca,
el hueco de los pies que se repiten
huyéndoles, pasándolas por alto, rebajándolas.
El camino y las piedras. La piedra y los caminos.

Las miro como absortas en el polvo,
de lejos, desde arriba.
Ellas verían de mí, si fueran algo,
esta suela implacable
de asustados brinquitos, de cobardes pisadas,
terror de los insectos que me aterran.
Esta sombra de inciertas y elocuentes
gravedades ridículas, tropezones perfectos.

¿Fue rodar mi destino? Fue mi asombro.
Descubro todavía, de cuando en cuando,
las ramas y las hojas,
las madrugadas largas de febrero
y en ellas lo que ignoro, y las edades
en mí, que son distintas.

Of the Open Sky

...to roll and roll, roll and roll...
José Alfredo Jiménez

I allow the rocks that would
probably tell me the form of the road to pass,
its complex desertion,
its unforeseen descent through ravines
that no one goes through.
They are the emptiness that takes hold of the body,
the body that is hollowed out,
the hollow part of the feet that repeat themselves
fleeing from them, overlooking them, humiliating them.
The road and the rocks. The rock and the roads.

I see them like engrossed in the dust,
from far away, from above.
They would see me, if they were something,
this relentless sole
of frightened jumps, of cowardly footsteps,
terror of the insects that frighten me.
This shadow of uncertain and eloquent,
ridiculous seriousness, perfect stumbles.

Was it my destiny to wander? It was my surprise.
I still discover, from time to time,
the branches and the leaves,
the long dawns of February
and in them what I ignore, and the ages
in me that are different.

Música de trío

Tal vez ya sea mentira lo que has dicho.
Los buenos días. El cuerpo que no duele.
Tú lo sabes mejor: sabes en cuántas manos
la moneda que diste no era falsa
y en cuál de todas ellas, única,
irrumpiera la estafa como un borde,
un óxido imprevisto.

Que haya sido verdad
es otro cuento. Es cruel,
quizás, y no es cuento.

Quizás. Mejor que nadie. Tú
lo sabes. Las palabras
deshechas, desmontadas,
lejanas: todavía
son palabras, pero ya no está en ellas
la piedra que sostiene, o el espacio vacío.
Y luego se levantan:
el nombre del vacío está vacío.
La piedra que sostiene, aunque ausente, sostiene.

Tal vez ya sea verdad lo que ignorabas.
Lo que mentías incluso, rescatándolo.

Trio Music

Perhaps what you have said is already a lie.
The good days. The body that feels no pain.
You know better: you know in how many hands
the coin you gave was not false
and in which one of all of them, unique,
the deception would invade like a border,
and unforeseen rust.

That is was the truth
is another story. Perhaps it is
cruel, and it is not a story.

Perhaps. Better that no one. You
know it. The undone, dismantled,
distant words: are still
words, but the stone that supports
is not in them anymore, or the empty space.
And then they get up:
the name of the emptiness is empty.
The stone that supports, although absent, supports.

Perhaps by now what you didn't know is true.
Even what you denied, rescuing it.

Karl Blossfeldt

Aunque es sabido que el jardín botánico de Berlín era una desus principales fuentes de material, tampoco allí buscaba plantas exóticas como cactos u orquídeas en flor. Nunca fotografió, por ejemplo, ramos decorativos; por el contrario, de vez en cuando, sí una sección del suelo del bosque, para añadir un apunte visual al entorno original. La cuestión de porqué Blossfeldt buscaba una y otra vez nuevos ejemplares de una planta determinada, hace suponer que lo que buscaba era el arquetipo de la planta; sus fases de crecimiento y transformación las plasmó en series de fotografías.

Hans Christian Adam

Soy quien hace la flor.

El tiempo se diluye cuando hay hombres.
La sola rosa

junta y resuelve los minutos
mejor que yo, mejor que mi presencia:
dura poco, y al irse

queda en forma de grietas,
de fisuras, de manos

que ya no se tocan, que ya no
se buscan, y que siguen siendo.
Hago por mí, por las cosas

lo que no hacen las cosas
por mí, por ellas mismas.

La consuelda, el acanto, la facelia,
los brezos encarnados,
la salvia y el estáquide:

Karl Blossfeldt

Although it is a known fact that the botanical garden of Berlin was one of his main sources of material, he didn't look there for exotic plants like cacti or orchids blooming. For example, he never took pictures of decorative bouquets; on the contrary, from time to time, a section of the forest ground to add a visual note to the original surroundings. The question as to why Blossfeldt looked over and over for new examples of a specific plant, leads one to assume that what he looked for was the archetype of that plant; its stages of growth and he captured its transformation in a series of photographs.

Hans Christian Adam

I am the one who makes the flower.

Time becomes blurred when there are men.
The only rose

joins and resolves the minutes
better than I, better than my presence:
it lasts for a short period, and when it leaves

it remains in the form of cracks,
of fissures, of hands

that no longer touch each other, that no longer
look for each other, and that continue to exist.
I do for myself, for the things

what things do not do
for me, for themselves.

The comfrey, the acanthus, the facelia,
the flesh-colored heather,
the sage and the crosne:

soy quien hace la flor
o hace la hierba.

Quien se diluye, y la presencia de unas manos
con las que hago de mí, de las cosas.

I am the one who makes the flower
or makes the grass.

The one who becomes blurred, and the presence of some
with which I make of myself, of things.   [hands

Agua alta

Y en las noches azules,
la pienso conturbada si adivina
un balbucir de luz en sus escaños...
José Gorostiza

El mar descuenta los peldaños de una explanada bulliciosa
y añade a la tierra el número de las constelaciones.
Apoyada en reflejos, hundiéndose en figuras
que la dicen erguida, se levanta
la plaza del mercado.

Cuando anochece hay también un levantarse, un
[despejarse del aire donde se forman las palabras. Los días
que terminan, repetidos, ¿terminan?
El día que comienza no es un día.
Donde anochece hay nombres.

Apoyado en los barcos, llevado a su propia superficie
por un fondo que lo ha desposeído, el mar se abre
y sigue nuestros pasos.
                              La *música escondida*
se revela: ya se ve que hoy la gente
no tiene pensado irse a la cama.

High Water

And in the blue nights,
I think of her as troubled if she guesses
a first sight of light in her bench...
José Gorostiza

The sea excludes the steps of a noisy esplanade
and adds to the earth the number of constellations.
Supported by reflections, sinking in figures
that say it is upright, the market place
plaza rises.

When it gets dark, there is also a rising up, a clearing
[up of the air where the words are formed. The days
that end , repeated, do they end?
The day that begins is not a day.
Where it gets dark, there are names.

Supported on the boats, taken by its own surface
by a depth that has dispossessed it, the sea opens up
and follows our steps.
                    The *hidden music*
is revealed: it is evident that today people
do not plan on going to bed.

Escenas del mundo natural

Donde nadie la ve
sonríe la foca, en playas
a treinta mil kilómetros del mundo.

La página siguiente
dura lo que un invierno de pingüinos:
letra menuda, párrafos
que se acaban muy lejos.

¿Quién escribió pingüinos en la nieve?

Nadie sabrá que las palabras
cormiera, cormorán, cornaca y luego cornalina
están muy juntas en el diccionario
ni que yo las he visto en libros de colores.

Scenes from the Natural World

Where no one sees it
the seal smiles, in beaches
that are thirty thousand kilometers from the world.

The next page
lasts what a winter of penguins lasts:
small letter, paragraphs
that end very far.

Who wrote penguins in the snow?

No one will know that the words
cormiera, cormorant, *cornaca* and then carmelian*
are very close to each other in the dictionary
nor that I have seen them in color books.

*The words *cormiera* (edelweiss) and *cornaca* (mahout) were left in
Spanish to respect the poet's play on words.

Otro, desde afuera

Largamente he permanecido mirando mis largas piernas...
Pablo Neruda

Las piernas llegan hasta un borde
y luego se detienen.
Hasta la punta de unos dedos
que no suelen tocar, ni asir, ni demorarse
ahí donde las manos, activas, parecen de otra gente.

Los pies. Las uñas que te ignoran.
Tu piel es el comienzo de los otros.
Las piernas llegan hasta el borde
que una mano escondida les dibuja:
la mano que no fueron.

Algo más, alguien más, otro,
desde afuera, llega
y se detiene. Mis ojos,
y yo mirando en ellos, y el volumen
del aire que los forma, y que se forma

en mí, que lo respiro.

Another one, from the outside

At length I have been looking at my long legs….
Pablo Neruda

The legs get up to an edge
and then they stop.
Up to the end of some fingers
that they don't usually touch, nor anchor, nor arrive late
where the active hands seem to belong to other people.

The feet. The nails that ignore you.
Your skin is the beginning of the others.
The legs get up to the edge
that a hidden hand draws for them:
the hand that they were not.

Something else, someone else, another one,
from the outside, it comes
and it stops. My eyes,
and I looking into them, and the volume
of the air that forms them, and that is formed

in me, that I breathe it.

Saskia

Tu rostro viene de telas engañadas.
Viene, quizás, de la respiración de los enfermos,
del espacio en que todo sobrevive
pero no todo se alza. De tu rostro

adivino al principio los colores,
el blanco rosáceo de los pómulos,
el tono protuberante de una ceja
o las raíces del pelo, vueltas carne:
figuras, cosas del tiempo, indefinibles
pasos del aire y de la noche por las calles húmedas.

Algo en tu espalda, sin embargo, y en la reserva de tus
[codos,
me hace tender la mano detrás de lo que fueras
y con tu misma piel rozar lo que no fuiste.
Hay líneas que sirven a los rostros
y rostros que sirven al vacío.

Pero no hay mundos al margen de tu cara
ni luces que no lleguen de tu sombra.
Un rostro se asoma entre cortinas
rígidas, falseadas, y mis ojos

despliegan su párpado más hondo,
pues tú eres en verdad lo que renace.

Saskia

Your face comes from misled canvases.
It comes, perhaps, from the breathing of the sick,
from the space in which everything survives
but not everything rises. From your face

I guess, at the beginning, the colors,
the pinkish white of the cheeks,
the protuberant tone of an eyebrow
or the roots of the hair, that have become flesh:
figures, things of time, undefinable
steps of the wind and of the night through the wet streets.

Something on your back, however, and in the reserve of your
[elbows
makes me stretch my hand behind what you would be
and with your same skin reach what you were not.
There are lines that work for the faces
and faces that work for the emptiness.

But there aren't any worlds at the margin of your face
nor lights that do not come from your shadow.
A face peeks in between the rigid and
sagging curtains, and my eyes

display their deepest eyelids,
for you are really what is reborn.

Teoría de las edades

a Teresa, luz cambiante del año

Horas de contención dejada, como válvulas rotas.
De palabras dejadas, tiempos que se dejan
a su puro fluir, y que no fluyen: corpóreos
en el abandono, en la demarcación
de un límite vacío.

La frontera tendida en el desierto.
                              La pisada
en el hielo, donde nada se oye.
O la presión del pie sobre las hojas
y una cuerda trazada
entre una casa y otra, de un muro
frágil o impreciso a los balcones

de junto, a los jardines, a las casas tan viejas
que ya son el solar de otra casa futura,
el tiempo de otras horas.

He pensado en mi nacimiento. En esos días.
Porque todos nacemos
en días múltiples, momentos extendidos,
y al final somos eso: momentos.
                              He pensado
en algo que sabemos desde siempre,
lo digamos o no. Los días comienzan
pero en las manos algo se diluye
y es también un principio: la oscuridad
conduce al tiempo,
lo lleva en sus espaldas.

Theory of the Ages

To Teresa, changing light of the year

Hours of containment left, like broken valves.
Of left words , times that are left
to flow on their own, and that do not physically flow
in abandonment, in the demarcation
of an empty boundary.

The border starting in the desert.
                                        The step
on the ice, where nothing is heard.
Or the pressure of the foot on the leaves
and a rope drawn
between one house and another, from a
fragile or imprecise wall to the close by balconies,

to the gardens, to the old houses
that are now the site of another future house,
the time of other hours.

I have thought about my birth. On those days
Because we are all born
on multiple days, extended moments,
and at the end we are just that: moments.
                                        I have thought
about something that we have known forever,
whether we say or not. The days begin
but something is dissolved in the hands
and it is also a beginning: darkness
leads to time,
it takes it on its back.

Como adentro del agua

Vivo a tanta distancia de mis manos
que no alcanzo a atisbar
las palabras que escribo.
Juan Vicente Piquera

Veo segundos por todas partes,
que sobran y que faltan. Que son piedras
arrojadas a un cielo, dadas a un mar por el que todavía
no pasan cuervos ni soldados.
                    Alejándose,
la lluvia gana los países vecinos: recupera

el vacío que no fue, la plenitud
que no será tampoco. El tiempo
es llegar tarde o es morirse
en la víspera. Estar es llegar siempre
a una ciudad que rostros anulados,
que sequías uniforman.

Las voces, los jardines,
los motores, las bocas, los ejércitos:
lengua que ignoro, ciencia
de ordenados misterios.
Todo está
cerca,

donde no lo alcanzo. Oigo
como adentro del agua.
Vivo tan lejos de mis manos
que no alcanzo a escribir
las palabras que miro.

As if in the Water

I live so far away from my hands
that I cannot monitor
the words that I write
Juan Vicente Piqueras

I see seconds everywhere,
that they are too many and they are lacking. That they are rocks
thrown to a sky, given to a sea through which neither
crows nor soldiers have passed.
                              By leaving,
the rain wins over the neighboring countries: it recuperates

the emptiness that it was not, the summit
that it will not be either. Time
is getting there late or it is dying
in the eve of something. To be is to always get
to a city where destroyed faces
and drought are uniform.

The voices, the gardens,
the motors, the mouths, the armies:
language I don't know, a science of
ordered mysteries.
Everything is
nearby,

where I can't reach it. I hear
as if I were in the water.
I live so far away from my hands
that I do not get to write
the words I see.

SEVEN

SIETE

Luz indirecta

La mano puede abrirse o extenderse,
pero lejos del rostro
no hay donde comenzar otra historia de las respiraciones.

La mano es aquí una hilera de preguntas,
una placa de vidrio cuidadosamente inclinada
por la que van deslizándose la espera y el quién,
el ahora y el quién,
la espera incierta.
¿Cuándo se ha dicho todo, en qué altitud polar o enjambre de
neblina,
si esta vez ignoramos repetirlo?

No hay donde cruzar otra mirada:
la primera, que anida ya en tus ojos,
guarda el trazo redondo, la sentencia
del polvo y las ciudades. Que anidan
todavía en tus ojos: la hilera de preguntas
son tus dedos, y una mano responde.

Conozco tu mirada. Estoy aquí para narrar tu historia,
y no diré: comienzo.
Haría por quien fuera lo que hago
por ti difícilmente, pues sería
por alguien. Peladura:

restos de un fruto acérrimo, la cara. Amargo
y persistente. Acero
acérrimo,
costra de nuez, rostro que ya no es mío,
lejos de ti, que aún, alguien predice
por su luz indirecta las miradas.

Indirect Light

The hand can be opened or extended,
but far from the face
there isn't a place to begin another story about breathing.

The hand is a line of questions,
a glass sheet carefully leaning
through which the wait and the who go sliding by,
the now and the who,
the uncertain wait.
When has it all been said, in what polar height or mass of
fog,
if each time we ignore to repeat it?

There is no place to exchange another look:
the first that dwells in your eyes already,
keeps the round outline, the sentence
of dust and the cities. That they still dwell
in your eyes: the line of questions
are your fingers, and a hand responds.

I know your gaze. I am here to narrate your story,
and I will not say: I start.
I would do for whomever what I do
for you with difficulty, for it would be
for someone. Peelings:

the remains of a bitter fruit, the face. Bitter
and persistent. Bitter
steel,
crust of a nut, face that is no longer mine,
far from you, that still, someone predicts
the looks because of the indirect light.

El polvo —llamo así a la ciudad— aplana o redondea los
[ángulos del aire.

La mano es aquí el vientre, y es la espalda, púrpura y sinuosa.
La sentencia oblicua: no saber nada,
pero conocerse.
Verse y decir: tú, resto,
placa de acero
cuidadosamente deshecha, interrogada, hecha
quién. Si esta vez ignoramos
lo que antes desconocíamos apenas: la tersura
del polo, su amplitud resumida
que no es ecuador ni meridiano,
¿qué murmuramos otra vez, lejos,inmóviles, sin irnos?

Aquí
estoy para contarte, a ti mismo, tu principio:
ya no lo recuerdo.
El quién, el ahora: las líneas
de la mano, que se prolongan hasta el cuello
sin definir siquiera una silueta, una cuña
cualquiera, el mínimo
borrón sobre la carta:
vacías.

Pero en los muslos, en el vientre
anidan, construyéndose, la invocación
[y la respuesta sola.
Pero en el sexo hay dádivas.

The dust---that is what I call the city—it flattens or rounds off all
[angles of the air.

In this case, the hand is the abdomen, and it is the back, devious
The oblique sentence: not knowing anything,   [and winding.
but to know each other.
To look at each other and say: you, remainder,
steel sheet
carefully destroyed, questioned, made
into whom. If this time we ignore
what we barely were unaware of before: the smoothness
of the pole, its space summarized
that is not equator nor meridian,
what did we murmur again, far away, without moving, without
                                                    [leaving.
I am here
to tell you, you yourself, your beginning:
I don't remember it anymore.
The who, the now: the lines
of the hand, that extend up to the neck
without even defining a silhouette, any
wedge, the faintest
smudge on the letter:
empty.

But in the thighs, in the stomach
the invocation and the answer alone
[dwell, building themselves.
But in sex there are gifts.

Bodas

Tengo en tus manos.
Tengo en tus manos la piel que me define.
Las hendiduras, los canales,
las rayas como inscritas, grabadas en tantas direcciones
como esferas del tacto, superpuestas.

La piel que asegura mis contornos,
y la piel que no está en mi superficie
porque vuelve a la tuya
y figuran las dos un cuerpo ambiguo,
interno y ciego,
y los cuerpos que nada representan

desdoblarían el uno y los números del cielo,
desdoblarían el cielo
si al menos pudieran ordenarse.

Tengo ese número en las manos.
Tengo en las manos. Tienes en las mías
lo que difícilmente, lo invisible
o el pliegue del sexo reflejado
como en placas de agua.

Llego a tocarme con tus dedos.

Nuptials

I have in your hands.
I have in your hands, the skin that defines me.
The fissures, the canals,
the lines as if inscribed, engraved in so many directions.
like spheres of touch, superimposed.

The skin that secures my outline,
and the skin that is not on my surface
because I return to yours
and they both represent an ambiguous body,
internal and blind,
and the bodies that don't represent anything

will unfold the one and the numbers from the sky
they will unfold the sky
if they could at least arrange themselves.

I have that number in my hands.
I have it in my hands. You have in mine
what is without difficulty, the invisible
or the crease of sex reflected
like in water sheets.

I get to touch myself with your fingers.

Alta vigilancia

I

Cuanto fue desplegado por tus manos, abierto,
desdoblado en planicies que se agravan
tras una cordillera indemostrable;

cuanto fue dado, pulido por tus manos
con el gesto no pronunciado del que nombra;

cuanto fue alisado, hecho polvo,
hecho un brillo nomás fuera del ojo,
fuera del brillante,

cubre mi rostro ahora y adelanta
el ir sin ruido de mí hacia tu memoria.

High Vigilance

I

How much was displayed by your hands, open
unfolded in plains that are made worse
behind an indemonstrable mountain range;

how much was given, perfected by your hands
with the unpronounced gesture of the one named;

how much was smoothened, made into dust,
made shiny only when not seen,
out of the diamond

cover my face now and leave
in a hurry without thinking about me

II

En la oscuridad
todo se mueve. La oscuridad

es que se mueva todo sin mirarnos
y que la sombra extinga esos principios de fuego
no lo sabrás nunca
al fondo de tus ojos. La noche

puede, repentina
cambiar de sitio los muros que te guardan
llevarte a esperar que el tiempo se reanude
al corazón de una calle ajena al tiempo.

Palabras que no oigas
no puedas ver cómo se mueven
a punto de extinguirse. Lo oscuro.

II

In the darkness
everything moves. Everything

moves in the darkness without seeing us
and it makes the shadow extinguish those fiery beginnings
you'll never know it
at the bottom of your eyes. The night

can, suddenly
change the location of the walls that protect you
lead you to wait so that time will resume
at the heart of an alien street.

You cannot see how
words that you don't hear move
at the point of extinction. The darkness.

III

Sobre las noches de arena sobre las albas de arena
[sobre las noches de acero
bajo la suavidad terrestre de los pómulos
sobre la incandescencia y las gotas que bajan de la espalda
como los ecos el aullido en las noches las albas del desierto
he aprendido tu nombre

Calles de piedra
patios que moja un mar precipitado en el sueño
callejones de piedra sin un alma
con tantas almas las sílabas
de un angosto llamado
con dos almas una responde por tu cuerpo
otra lleva mis ojos habita en los pliegues de tu cuerpo
horas que son la tarde tu nombre nubes que adelgazan el aire
ante la ventana
                                    que las mira
nubes que son la nube
más blanda el cuello
de un pájaro y las flores
luminosas

el cuello de un pájaro que ríe
tu nombre

el agua de unos labios que se beben

III

On the nights of sand, on the dawn of sand, on the
[nights of steel
under the earthly softness of the cheeks
on the passion and the drops that go down the back
like the echoes, the howling of the nights, the dawn of the desert
I have learned your name

Stone streets
patios that get wet by a hasty sea in sleep
stone alleys without a soul
with so many souls, the syllables
of a narrow call
with two souls, one responds through your body
another one that takes my eyes, lives in the folds of your body
hours that are the afternoon, your name clouds that thin the air
before the window
                              that looks at them
clouds that are the softest
cloud the neck of a bird
and the brilliant
flowers

the neck of a bird that laughs
your name

the water of some lips that drink themselves

SOBRE EL AUTOR

Luis Vicente de Aguinaga

Nació en Guadalajara en 1971. Es autor de doce libros de poemas: *Noctambulario* (1989), *Nombre* (1990), *Piedras hundidas en la piedra* (1992), *El agua circular, el fuego* (1995), *La cercanía* (2000), *Cien tus ojos* (2003), *Por una vez contra el otoño* (2004), *Reducido a polvo* (2004), *Trece* (2007), *Fractura expuesta* (2008), *Adolescencia y otras cuentas pendientes* (2011) y *Séptico* (2012). Ganó en 2003 el Premio Nacional de Poesía Efraín Huerta y en 2004 el Premio Nacional de Poesía Aguascalientes. Ha publicado *Lámpara de mano* (2004), *Signos vitales* (2005) *La migración interior* (Premio Nacional de Ensayo Joven José Vasconcelos, 2005), *Todo un pasado por vivir* (2013), *Juan Goytisolo: identidad y saber poético* (2014), *El pez no teme ahogarse* (2014) y *Sabemos del agua por la sed* (2014), entre otros libros de crítica literaria, ensayo y crónica.

ABOUT THE AUTHOR

Luis Vicente de Aguinaga

He was born in Guadalajara in 1971. He is the author of twelve books of poetry: *Noctambulario* (1989), *Nombre* (1990), *Piedras hundidas en la piedra* (1992), *El agua circular, el fuego* (1995), *La cercanía* (2000), *Cien tus ojos* (2003), *Por una vez contra el otoño* (2004), *Reducido a polvo* (2004), *Trece* (2007), *Fractura expuesta* (2008), *Adolescencia y otras cuentas pendientes* (2011) and *Séptico* (2012). He won the Efraín Huerta National Poetry Prize in 2003 and in 2004 the Aguascalientes National Poetry Prize. He also published *Lámpara de mano* (2004), *Signos vitales* (2005) *La migración interior* (José Vasconcelos National Essay Prize, 2005), *Todo un pasado por vivir* (2013), *Juan Goytisolo: identidad y saber poético* (2014), *El pez no teme ahogarse* (2014) and *Sabemos del agua por la sed* (2014), among other books on literary criticism, essays, and chronicles.

SOBRE LA TRADUCTORA

Victoria M. Contreras

Es catedrática de Lingüística y Pedagogía de la Lengua en el Departamento de Lenguas Modernas y Literaturas de University of Texas-Pan American, fungiendo también como directora interina del mismo en 2000-2001. Es egresada de University of Texas at Austin donde se doctoró en Pedagogía de Lenguas Extranjeras. A lo largo de su carrera docente ha dado conferencias en Estados Unidos y España. Es ampliamente reconocida en el campo de la lingüística aplicada, particularmente por su labor investigativa sobre el español para hablantes de herencia. Ha publicado varios libros y artículos sobre el tema, entre ellos *¡Ahora sí! Expresión comunicativa para el hispanohablante* (Heinle and Heinle, 1995), *Preparing Language Teachers to Implement the Texas Essential Knowledge and Skills for Languages Other Than English* (Southwest Educational Developmental Laboratory and Texas Education Agency, 1997), *Español para el hispanohablante* (Texas Education Agency, 2002), Realidades/Texas Edition (Prentice Hall, 2005), *¡Ahora sí! Expresión comunicativa para el hispanohablante*, 2nda Edición (McGraw Hill, 2005). Como traductora ha colaborado con instituciones locales y nacionales como el *Boys Club, Aeropuerto Internacional de Mc Allen,* las municipalidades de Pharr, Edinburg, Mc Allen, University of Texas-Pan American, así como firmas legales y hospitales. En el campo de la traducción literaria editó la traducción al inglés de *El corazón transfigurado/The Transfigured Heart* (Libros Medio Siglo, 2013) y tradujo al inglés el poemario *Callejón Kashaní/Kashani Alley* (en proceso de publicación).

ABOUT THE TRANSLATOR

Victoria M. Contreras

She is Professor of Linguistics and Language Pedagogy in the Department of Modern Languages and Literatures at the University of Texas-Pan American, also serving as interim director thereof in 2000-2001. She graduated from the University of Texas at Austin where she received her doctorate in Foreign Language Education. Throughout her teaching career, she has lectured in the United States and Spain. She is widely recognized in the field of applied linguistics, particularly for her research on Spanish for heritage speakers. She has published several books and articles on the subject, including *¡Ahora Sí! Expresión Comunicativa para el Hispanohablante* (Heinle and Heinle, 1995) *Preparing Language Teachers to Implement the Texas Essential Knowledge and Skills for Languages Other Than English* (Southwest Educational Developmental Laboratory and Texas Education Agency, 1997), *Español para el Hispanohablante* (Texas Education Agency 2002), *Realidades/* Texas Edition (Prentice Hall, 2005), *¡Ahora Sí! Expresión Comunicativa para el Hispanohablante* 2nd Edition (McGraw Hill, 2005). As a translator she has collaborated with local and national institutions such as the Boys Club, International Airport of McAllen, the municipalities of Pharr, Edinburg and McAllen, the University of Texas-Pan American, as well as law firms and hospitals. In the field of literary translation she edited the English translation of *El Corazón Transfigurado/ The Transfigured Heart* (Libros Medio Siglo, 2013) and translated the poems *Callejón Kashaní / Kashani Alley* (in press) into English.

LUIS VICENTE DE AGUINAGA

Fotografía: Teresa González Arce

INDEX/ÍNDICE

FOUR

FIVE
That a Day Would Cease/ Que un día cesara

SIX:
Foreign Language/ *Lengua extranjera*

SEVEN